AF288346

Wir müssen im Leben, auch ein kleines bisschen was tun.

Aber nicht in dem Sinne, dass wir abends total erschöpft ins Bett fallen.

Alpträume würden uns die Nacht versüßen.

Nein, im Sinne, von suche und finde den Menschen, der **DU** eigentlich bist.

Das macht Spaß. Darum geht es.

Um Freude und Erfüllung im Leben.

Jeder hat diese Chance, sofern er weiß wie' s geht.

Damit niemand mehr suchen muss, wurde dieses Büchlein geschrieben.

Für all diejenigen, die mehr aus ihrem Leben machen wollen.

Rain-bow-network.de
Wege in eine neue Zeit! Voller Licht und Freude!

Carin Kühne

Gudrun Fischer

1x1 des Aufwachens

Herstellung und Verlag: Books on Demand GmbH, Norderstedt 2008

© 2008 Carin Kühne & Gudrun Fischer
www.rain-bow-network.de

Umschlaggestaltung: Carin Kühne
Innenlayout: Carin Kühne

ISBN-13: 9783837058055

Inhaltsverzeichnis

Vorwort

Du hast dir dieses Buch besorgt, weil du in deinem Leben nach Vollendung suchst.
Du wirst sie erreichen, denn hier findest du die Schlüssel dazu.
Mit Sicherheit hast du die folgenden Dinge schon oft gehört oder gelesen.
Nun fragst du dich, weshalb du das alles nochmal lesen sollst?!

Es ist DEIN WUNSCH endlich das zu werden was du tief im Inneren schon immer warst.

Meine Freundin und ich haben unseren Rucksack gepackt und sind losgegangen.
Wir hatten keine Karte für unseren Wanderweg, aber wir hatten unsere Intuition und unser Vertrauen darin.

Wir wollten weg von der alten, dunklen,
dem Zerfall nahen Hütte und dem
kärglichen, freudlosen Leben darin.
Wir wollten ein schönes, neues Haus, viel
Licht darin, Platz damit wir geistig
wachsen konnten.
Wir wollten eine neue, schöne Umgebung,
in der das Leben leicht und voller
Freude ist.

Unser Weg war lustig und gedankenvoll,
manchmal mussten wir auch ein
paar Steine wegräumen, haben dabei
tüchtig geschwitzt.
Manchmal hat es geregnet, wir rutschten
aus und fielen in den Morast.
Aber der Silberstreifen, den wir am
Horizont sahen, da wo das Land der
glücklichen Menschen ist, hielt uns auf
dem Weg.
Wir wussten genau: da wollten wir hin!
Manchmal waren die Nächte eisig, wir
wärmten uns gegenseitig und am
nächsten Tag schien wieder die Sonne.

Wir fasten neuen Mut und legten einen Schritt zu.

Wir wollten ins Licht!

Raus aus der Dunkelheit!

In das Land in dem die Sonne scheint, es schöne große Häuser gibt, in denen glückliche Menschen leben.

Glücklich, weil es ihnen an nichts fehlt.

Sie haben Zeit und Raum um sich geistig zu entfalten.

Sie haben Zeit und Raum um ihren liebsten Beschäftigungen nachzugehen.

Der Lebensunterhalt ist ein Hobby, die Menschen entwickeln sich dadurch zu einzigartigen Persönlichkeiten, mit besonderen Fähigkeiten.

Ausgeglichen, reich an Erfahrungen, zufrieden, sorgenfrei, immer bereit anderen auf den gleichen Weg zu verhelfen, den Weg ins Licht!

1. Hier bin ich! (Die Vision)

Hallo hier bin ich, ich dein neues Leben.
Es geht uns gut, nicht wahr?
Schön lebt es sich im neuen Häusle!
Geräumig ist es und hell, genug Platz
auch für Freunde.
Schicke Möbel, modern, sehr gute
Qualität, ganz nach unserem Geschmack.
Tolle Küche, mit allen Schikanen, einfach
traumhaft, plötzlich besteht die ganze
Familie nur noch aus Köchen.
Und dann erst der Garten!
Der Springbrunnen im Vorgarten, die
Rosen-Beete, herrlich!
Welch ein Duft.
Hinter dem Haus, der dichte, weiche,
grüne Rasen zum Sonnenbaden,soll ja
in Maßen genossen sehr gesund sein.
In der Ecke der Grillplatz mit Gartenhaus
und Regenschutz. (hmmm, wie das
duftet)
Auf der linken Seite der Tennisplatz, man
will ja schließlich was für seine
Fitness tun.

Wie gern die Nachbarn uns neuerdings besuchen.
Erstaunlich wie nett sie doch alle sind.
Du meinst es kostet viel Geld?
Macht nichts, wir haben es jetzt, in unserem neuen Leben!

Hallo hier bin ich, ich dein neues Leben!
Guten Morgen, herzlich willkommen in deiner eigenen Firma!
Hier ist die Post.
Seit du vor 12 Monaten deine eigene Firma gegründet hast, geht es stetig bergauf.
Auch heute liegt wieder ein Stapel neuer Bestellungen vor.
Ich denke, wir brauchen noch ein paar neue Arbeitskräfte.
Deine Idee die Marktlücke zu nutzen, um dich selbstständig zu machen, war die Beste deines Lebens.
Sogar die Bank ist begeistert.
Wie fühlt man sich als eigener Boss?
Super nicht wahr? Niemand mehr der dich ständig zu nörgelt, höchstens du selbst.

Herzlich willkommen in deinem neuen Leben!

Hallo hier bin ich, ich dein neues Leben!
Super dein neuer Job!
Jetzt kannst du jeden Morgen ausschlafen, in Ruhe frühstücken und für einen Blick in die Zeitung reicht 's auch noch.
Der kurze Spaziergang bis zur Firma ist Erholung, sogar wenn es regnet.
Schickes Büro hast du jetzt, groß, hell, ganz viele Pflanzen, von wegen Raumklima und Arbeitsatmosphäre verbessern.
Die Arbeit ist für dich Spaß und die Kollegen sind super.
Wie freundlich und respektvoll sie dir gegenüber sind!
Und dein Chef erst, das ist ja ein richtiges Prachtstück von Mensch.
Wie aufmerksam er dir immer zuhört, wie höflich er mit dir umgeht.
Einfach super, schlicht der Traum-Job.
So lässt es sich im Alltag sehr gut leben.

Welches ist **Dein** Herzens-Wunsch, oder hast du etwa andere Wünsche?

Wovon träumst **Du** schon ewige Zeiten?

Woran denkst du immer wieder voller Sehnsucht, manchmal auch mit etwas Traurigkeit?

Oft schiebst du es weg, wirst sogar wütend, denkst: so eine Schnapsidee, es klappt ja doch nicht!

Dann denke bitte daran, diese Schnapsidee kann **Dich** und **Dein Leben** retten, sie kann dich zum glücklichsten Menschen machen.

Hole deinen Herzens-Wunsch aus der Mottenkiste.

Lüfte ihn aus, gib ihm die Chance wahr zu werden.

Träume haben eine fatale Eigenschaft,sie werden wahr!

Und Wünsche ebenso!

Dies ist der 1. Schlüssel!

Hole Deinen Herzens-Wunsch aus der Mottenkiste!

Man gönnt sich ja sonst nichts.

2. Das Geständnis!
(Die Absicht)

Im normalen Alltag sprichst du pausenlos
Absichtserklärungen aus.
Wie: morgen werde ich Oma anrufen, am
Sonntag werde ich mit meiner Freundin in
die Disco gehen, im Urlaub fahren wir mit
den Kindern an die See.
Du machst dir keine Gedanken darüber,
achtest auch nicht auf die Ergebnisse,
denn du bist es so gewöhnt.
Bis zu dem Moment, wo du Jemanden wie
Karl triffst.
Karl war bis vor 2 Jahren, noch
erfolgreicher Top-Manager bei einem
großen Konzern.
Eines Tages hat er laut und deutlich
erklärt: ich habe die Absicht mein Leben
zu ändern.
Auf die neugierige Frage, was er denn
vorhabe, antwortete er, wie aus der
Pistole geschossen: Ich will meinen
Jugendtraum verwirklichen, Pferde
züchten in Argentinien.

Viele haben sich wortlos umgedreht, das
Thema war für sie abgeschlossen.
Viele haben ihm einen Vogel gezeigt:
Mensch, mit deinem tollen Job, so
etwas schmeißt man doch nicht hin, bist
du verrückt geworden?
Manche haben unsicher gelächelt und ihm
sehnsüchtig nachgeschaut als er
die tolle Firma für immer verließ.
Keiner hat an seinen Erfolg geglaubt!
Aber Karl hatte den festen Willen sein
Leben zu ändern.
Nur das zählte für ihn.
Dann ging alles sehr schnell und Karl war
weg.
Nun war er in der alten Heimat, um
Verwandte und Freunde zu besuchen.
Karl war jetzt Pferdezüchter in
Argentinien.
Er hatte ein eigenes, kleines Anwesen, ein
paar Pferde, war sein eigener Herr.
Und er war auf dem besten Weg sich
einen sehr guten Namen in der
Branche zu machen.
KARL LEBTE SEINEN TRAUM!

Er strahlte vor Glück und Zufriedenheit
aus allen Poren!!
Was war passiert?
Karl hatte lediglich die Absicht erklärt, sein
Leben ändern zu wollen.
Der Stress, der Zwang, die Förmlichkeit
im Beruf – er hatte die Nase voll davon,
das ganze verdiente Geld, es nützte ihm
nichts, er hatte keine Zeit zu
LEBEN!
Aber er wollte wieder leben.
Danach klappte alles wie von
Zauberhand.
Stück für Stück erledigte er ohne große
Schwierigkeiten, alles an
Formalitäten.

Selbst wenn mal ein paar Stolpersteine da
waren, lachte er und sagte:
auch dafür findet sich eine Lösung.

Prompt kam die Lösung, manchmal auf
einem Umweg, aber immer im
passenden Moment.
Wie hatte er das geschafft?
Karl hatte lauthals vor sich selbst und
mutig auch vor anderen, die Absicht

erklärt sein Leben ändern zu wollen.
Es hätte auch genügt, wenn er sie nur vor
sich selbst erklärt hätte.
Das Wichtigste war, er hatte sich selbst
sagen hören: ich habe die Absicht
mein Leben zu ändern, damit war der
Entschluss ENDGÜLTIG.

Dies ist der 2. Schlüssel.

Laut die Absicht zu erklären, dass Du
etwas in Deinem Leben ändern
möchtest.
Je eher desto besser.

3. Träume sind keine Schäume!
(Das Visualisieren)

Erinnerst du dich noch an deine Kindheit?
Du sitzt im Sandkasten, baust eine
herrliche Burg.
Du bist völlig vertieft, siehst dich selbst als
Ritter mit dem Schwert in der Hand.
Verteidigst deine Herz-allerliebste, gegen
die bösen Buben.
Als die Burg dann fertig ist, sitzt du mit
roten Wangen und glänzenden Augen
da und bist glücklich.

Erkennst du was da passiert ist?

Oder

Ein kleines Mädchen dass davon träumt,
eine Prinzessin zu sein, schön,
reich, von einem Prinzen, auf einem
weißen Pferd in sein Märchenreich
gebracht wird.

Dann tönt es plötzlich laut: Tinchen Essen ist fertig!
Seufzend taucht das kleine Mädchen aus seinem herrlichen Traum auf, eben saß es noch auf dem weißen Pferd- und geht in die Küche, denn das Essen
ist fertig.

Erkennst du was da passiert ist?

Erinnerst du dich, wie oft es dir passiert ist, das du mitten im Alltag eine kleine Ruhepause eingelegt hast, manchmal waren es nur ein paar Minuten, und schwupps, befandest du dich in einer anderen Welt.
Unsere Zivilisation nennt das Tag- träumen.
Wir nennen es Visualisieren.
Hol dir diesen Teil deiner Kindheit zurück.
Heute noch!
Habe kein schlechtes Gewissen mehr, wenn du einem Traum nachhängst.
Tue es bewusst!
Sieh dir deine Träume wieder an.

Nutze diese Fähigkeit, die jeder hat, und
erfülle dir damit deine Herzenswünsche.
Du wirst staunen was da passiert.
Hast du erst einmal damit angefangen,
gezielt, deine Wünsche zu sehen, dann
gesellen sich immer wieder neue Bilder
dazu, bis dein Wunschfilm komplett ist.
Diese Bilder kommen aus deiner Seele
und sind der Spielfilm den du, wer
weiß wie lang schon, mit dir
herumschleppst.
Nur du selbst kannst diesen Film abrufen.
Schau dir deine Filme an, jeder
beinhaltet einen Wunsch, der realisiert
werden möchte.
Du musst es nur zulassen.
Nicht erschrecken, die Bilder können
überwältigend sein, aber sie offenbaren
dir auch welch großartige Seele du hast.
Großartig, weil deine Seele, all deine
Wünsche für dich aufgehoben hat und
nur darauf wartet, dass du danach fragst.
Es ist nicht wichtig wie groß ein Traum
oder Wunsch ist.

Es kommt nur darauf an, dass er aktiviert wird.

Träumen ist visualisieren.

Je öfter du es tust, desto schneller gewöhnst du dich daran und eines Tages ist es dir eine liebe Gewohnheit geworden.

Dein Leben wird leichter, freudvoller.

Eines Tages beginnen diese Träume in Erfüllung zu gehen, immer zum passenden Zeitpunkt in deinem Leben.

Du kannst dein Leben planen und mit Hilfe deiner inneren Bilder zu genau dem machen, was du dir immer schon gewünscht hast.

Viel Spaß dabei!

Dies ist der 3. Schlüssel.

Deine inneren Bilder hervor holen. Nennt sich im Fachjargon Visualisieren.

Film ab!

4. Jeder Schuss ein Treffer!
(Die Macht der Gedanken)

Ist es nicht schöner, wenn für dich die Sonne auch dann scheint wenn es draußen trüb ist?
Das erreichst du indem du **gut** (positiv) denkst.
Die Sonne ist in und kommt aus deinem Herzen, deinen Gedanken.
Nutze diese Macht, auf diese Weise gibt' s bei dir immer schönes Wetter.
Probleme schrumpfen auf normale Größe, gute Gefühle kommen auf,
Lösungen zeichnen sich ab.

Die Macht deiner Gedanken ist gewaltig!
Nutze diese Macht, **ERDENKE** dir dein ganz persönliches Leben.
Stell dich vor den Spiegel.
Schau genau hin. Wie sieht dein Gesicht aus?
Deine Gedanken spiegeln sich darin!

Ist es fröhlich oder traurig?
Entscheidest du dich für die Fröhlichkeit,
wird es für dich keine Probleme geben.
Denn dann kannst du **gut** (positiv) denken
und hast damit einen Schlüssel zu
Glück und Wohlstand in jedem Bereich
gefunden.
Sowohl für den persönlichen als auch für
den finanziellen.
Mit guten Gedanken und einem Lächeln,
tritt Leichtigkeit in dein Leben.
Was immer auch kommt, du wirst es mit
Leichtigkeit meistern.
Probiere es aus.
Denk an etwas Böses und versuche zu
lächeln. Es wird dir nicht gelingen.
Das Lächeln ist nur eine Grimasse.
Wie oft hast du jemanden angerufen und
noch während du nach dem Hörer
gegriffen hast, gedacht, der/die ist
bestimmt nicht zu Hause.
Prompt war die Person nicht erreichbar!

Oder

Hoffentlich finde ich einen Parkplatz um diese Tageszeit.
Und schon hattest du die zweifelhafte Ehre, ein paar Runden drehen zu müssen, bevor eine Parklücke auftauchte. Bei den heutigen Spritpreisen eine sehr zweifelhafte Ehre.

Oder

Die Feiertage sind im Anmarsch. Es passiert eine ganz kleine Unregelmäßigkeit. Schon gibt' s im Kopf Alarm, hoffentlich geht nicht noch mehr schief.
Und du bekommst deine Wünsche prompt erfüllt.
Es geht alles schief was nur schief gehen kann.
Hättest du am Anfang, bei der Lappalie sofort gedacht: ach das ist nur eine Kleinigkeit, alles Andere wird prima klappen und dabei gelächelt, wäre es höchstwahrscheinlich dabei geblieben.
Die Macht deiner Gedanken ist so groß, das ein einziger, positiver Gedanke

ausreicht, um einen ganzen Felsen
Negatives ins Wanken zu bringen.
Kommt ein zweiter positiver Gedanke
dazu, stürzt der Felsen um.
Unbewusst nutzt jeder diese Macht schon
ewige Zeiten.
Jetzt ist der Moment gekommen es
bewusst zu tun.
Denke sorgfältig, bewusst **gut,** die
Ergebnisse werden dich überraschen.
Beobachte deine Gedanken, wandele
schlecht sofort in gut um.
Es ist nie zu spät dazu, und eines Tages
ist es dir zur Gewohnheit geworden.
Du denkst nur noch **gute** Gedanken.
Dein Leben beginnt schon beim ersten
guten Gedanken sich zu ändern.
Unmerklich am Anfang, später immer
deutlicher sichtbar.
Du fühlst dich wohler, man fühlt sich
wohler in deiner Gesellschaft.
Du denkst klar, kannst mit Leichtigkeit
blitzschnell entscheiden, kurz du fühlst
dich rundum glücklich und zufrieden.
Ist das nicht erstrebenswert?

Wenn es dir schwer fällt damit zu beginnen, suche dir einen Coach.
Suche nach jemandem der dich anfeuert, dir Mut macht, immer wieder die Richtung korrigiert.
Schau dir die Sportler an.
Jeder sportliche Erfolg, ist 50% Arbeit des Sportlers und 50% Arbeit des Coachs.

Dieses Prinzip ist auch im täglichen Leben auf jeden Bereich anwendbar.
Die Welt ist voll von Menschen die jemanden coachen.
Und wenn du jetzt denkst: wo finde ich Einen, dann hast du einen Coach besonders nötig.
Dein Leben ist zu kostbar um es zum Spielball der Macht deiner Gedanken werden zu lassen.

Dies ist der 4. Schlüssel.

Nutze die Macht Deiner Gedanken!
Mächtig, mächtig, möcht' ich sagen.

5. Glauben ist nicht Glückssache! (Der Glaube)

Du glaubst daran, dass der Rinder-Braten
nur dann gelingt, wenn er nach
dem Rezept deiner Großmutter zubereitet
wird.
Warum glaubst du nicht, dass dein Rezept
perfekt ist?

Du glaubst daran, dass nur ein Italiener
das beste Eis herstellen kann.
Woher weißt du das?
Hast du schon sämtliche Sorten Eis die es
auf der Welt gibt probiert?
Hast du jemals selbst Eis hergestellt und
es probiert?

Du glaubst daran, dass ein
Weihnachtsabend ohne Gans kein echter
Weihnachtsabend ist.
Wo steht das geschrieben? Nur in deinem
Kopf!

Wir alle schleppen eine Menge Glaubenssätze mit uns herum, die wir im Laufe unseres Lebens, durch Erziehung, Beobachtung, Erlebnis aufgenommen haben.

Damit steuern wir oft und gern unser Leben.

Ab jetzt kannst du genauso gut, oft und gern an dich selbst glauben.

Du hast dich selbst ja immer dabei.

Du kannst dich hören, riechen, fühlen, schmecken, bist, was dich betrifft immer bestens informiert.

Also, glaube in erster Linie immer an **Dich selbst** und das was dich ausmacht.

Deine Eigenschaften, Talente, dein Können, deine Gefühle, das ist es wer **Du** bist.

GLAUBE DARAN!

Wie heißt es so schön, Glaube versetzt Berge.

Damit meine ich natürlich nicht, dass die Zugspitze plötzlich an der Nordsee stehen wird.

Ich meine damit die Berge unerfüllter
Wünsche die du in deiner Seele spazieren
trägst, statt sie selbst laufen zu lassen.
Glaube daran, dass sie wahr werden
können, damit versetzt du sie in die
Nähe der Tür.
Der Tür die aus deinem Herzen nach
draußen führt, damit deine Wünsche
wahr werden können.
Glaube an dich selbst und alles was du
bist und kannst.
Wenn es dir hilft, dann rede mit dir selbst.
Es muss ja keiner zuhören.
Wichtig ist, dass du dich selbst hörst,
deine eigene Stimme hörst, die dir so
unglaublich schöne Dinge erzählt, dass du
dich ganz entsetzt fragst: wie
konnte ich das bisher alles überhören?

Dies ist der 5. Schlüssel!

Glaube an Dich selbst, an das was Dich
ausmacht und an Deine Träume!
Wie wahr, wie wahr!

6. Gib deinem Bauch eine Chance! (Die Intuition)

Intuition, ist das was der Volksmund
Bauchgefühl nennt.
Hege und pflege dein Bauchgefühl, denn
es kann dich gefahrlos durchs
Leben führen.
Manche sagen sogar, unser Gehirn sitzt
im Bauch.
Vielleicht stimmt das sogar, denn wenn es
piekst, weiß jedes Kind, dass
etwas **nicht** stimmt.
Dein Bauch ist dein Lotse im Ozean des
Lebens.
Also gib ihm die Stellung die er verdient.
Hör auf dein Bauchgefühl, es ist immer
da, es meldet sich sofort. Immer!
Und es hat immer Recht!

Heute Morgen noch, hattest du das
dumpfe Gefühl: es wäre besser, wenn
ich eine Stunde früher losfahre als
vorgesehen.
Ärgerlich hast du es beiseite geschoben.

Ach was, ich habe die Zeit gut geplant, wird schon schief gehen.
Genau das ist es dann auch. Schief gegangen.

Du stehst seit zwei Stunden im Stau.
Würdest vor Ärger, am liebsten ins Lenkrad beißen, denn dein wichtiger Termin ist flöten gegangen.
Hättest du bloß auf deinen Bauch gehört.
Lerne, auf die Gefühle, die aus dieser Richtung kommen genau zu achten.
Das Witzige an der Sache- sie tun es von Geburt an.
Nur lernen wir im Laufe unseres Lebens, sie erfolgreich zu ignorieren.
Umpolen ist nötig.

Du steckst Geld ein, der Einkaufszettel liegt bereit.
Du willst los, zögerst eine Sekunde, steckst schnell noch eine Kreditkarte ein.
Man weiß ja nie...
Halbe Stunde später, gehst du fröhlich lächelnd aus dem Einkaufszentrum.

Im Einkaufswagen ein riesiges Paket oben drauf.
Du hast die Küchenmaschine, die du dir schon ewig wünschst, zu einem Schnäppchen-Preis bekommen.
Ein Glück, dass du die Kreditkarte dabei hattest.
Du hast nur eine Sekunde lang auf deinen Bauch gehört.
Die Freude darüber wird noch sehr lang anhalten.

Wir haben unseren persönlichen Lotsen immer an Bord.
Wir müssen ihn nur zu Wort kommen lassen.
Denn melden tut er sich immer.
Oft sogar ziemlich lautstark.
Leider wird er dann meistens, mit Hilfe eines Alka-Selzers mundtot gemacht.
Bevor es soweit kommt, prüfe nach, weshalb habe ich gerade so ein komisches Gefühl im Bauch.
Meistens ist dann etwas nicht in Ordnung.
Auch wenn nach außen hin alles glänzt.

Gib deiner Intuition wieder den Vorrang.
Sie wird dich sicher an jeder Klippe
vorbei führen.

Dies ist der 6. Schlüssel.

Höre auf Dein Bauchgefühl (Deine
Intuition).
Warte nicht bis es kneift.

7. Kontrolle ist gut, Vertrauen ist Spitze! (Das Vertrauen)

Was bedeutet Vertrauen für dich?
Ist das wenn du auf einen Löwen zugehst
und deinen Kopf in sein Maul steckst,
oder
ist das, wenn du dich ins Auto setzt und
weißt, dass du genau die Route
fahren wirst, die du brauchst um ans Ziel
zu kommen?
Was ist Vertrauen für dich?
Eine Süßigkeit, die man für einen Moment
genießt?
oder
ein Stück fetter Schweinebraten, dass
anschließend im Magen liegt?
Oder
frisches Obst, dass deinem Körper
stundenlang Nährstoffe zuführt?
Denk mal scharf nach!
Welches Gericht bekommt dir besser?
Wovon profitierst du am LÄNGSTEN?

So ist das mit dem Vertrauen!
Wenn du es nur für kurze Zeit fühlst und
dann beiseite schiebst, klappt' s
auch nur für kurze Zeit.
Danach fährst du wieder auf dem alten,
vertrauenslosen Gleis.
Du rödelst, zappelst und strampelst dich
ab und trotzdem geht vieles schief.
Probiere doch mal das Vertrauen zu
dehnen, wie ein Gummi, dass man
endlos dehnen kann, ohne dass es
zerreißt.
Dehne es über die Zeit, über deine
Wünsche, Träume, all deine Gefühle, wie
eine Gummiplane.
Diese Gummiplane wird an den
Glaubensecken verankert und nun wirst
du nicht mehr gebeutelt.
Egal welches Wetter herrscht, die
Vertrauensgummiplane beschützt dich.
Du musst nicht mehr rödeln, zappeln,
strampeln, nur noch deinen Wunsch
losschicken und dann gemütlich unter der
Plane deinen Alltag leben.
Deine Wünsche werden sich erfüllen,
allerdings musst du unter der

Vertrauensgummiplane bleiben.
Da ist es angenehm temperiert, alles läuft
ruhig und Peng! - eines Tages
platzen Päckchen mit den gewünschten
Geschenken in deinen Alltag.
Es kann dein Leben lang so weiter gehen,
wenn du unter dieser besonderen
Plane bleibst.

Nachbars Sohn ist durch das Abi
gerasselt.
Muttern ist am Boden zerstört.
Was soll denn bloß aus dem Jung
werden?
Sohnemann tröstet seine Mutter, sagt
selbstbewusst: du wirst sehen, ich
schaffe es beim zweiten Mal.
Mit viel besseren Noten, als ich jetzt
bekommen hätte.
Muttern zweifelt, jammert, ringt die Hände.
Klug ist er ja, der Jung, aber so ein
Hallodri.
Der Hallodri, fängt inzwischen an zu
lernen. Streng nach Plan.
Er ist fest davon überzeugt, dass er
dieses Mal, mit super Noten, das Abi

bestehen wird.
Denn dieses Mal macht er alles richtig.
Er glaubt an sich, 100%- ig.
Hat volles Vertrauen in seine Fähigkeiten.
Über Mutters Jammern, lächelt er nur
leicht.
Das Abiturzeugnis gibt ihm recht.
Und Mutter vergisst vor Stolz und Staunen
das Zetern.

Vertraue in dich selbst.
Vertraue in deine Kraft. Du hast sie. Und
zwar immer dann wenn du sie
brauchst.
Vertraue in deine Gefühle.
Sie sind der Wegweiser, für die Richtung
in der du dich bewegst.
Kloß im Hals bedeutet stopp!- falsche
Richtung.

Frau Buchhalterin geht mit zitternden
Knien zum Chef.
Vor seiner Tür, lässt der Kloß im Hals sie
förmlich nach Luft schnappen.
Drinnen darf sie Platz nehmen.

Und das ist auch gut so, denn auf eine
Lobrede war sie nicht gefasst.
Mit einem Bonus, für besonders gute
Arbeit, darf sie gehen.
Frau Buchhalterin hatte in die falsche
Richtung gedacht.
Daher die zitternden Knie und der Kloß im
Hals.
Sie hatte ihren eigenen Fähigkeiten nicht
vertraut.
Und nun hat sie mit den Folgen des
Schwächeanfalls zu kämpfen, statt sich
über das tolle Lob freuen zu können.

Schokoladenwärme im Hals bedeutet
weitergehen, das Ziel ist nahe.
Vertraue darauf, dass du in der Lage bist,
die für dich richtigen Wünsche,
Entscheidungen, Ziele zu haben.
Vertraue darauf, dass Alles genau zum
richtigen Zeitpunkt, am richtigen Ort
in dein Leben hüpfen wird.
Manchmal mit einem Paukenschlag!
Juchuu!
Manchmal still und leise, hallo?
Aber immer das Richtige!

Und dann nimm es bitte auch an!!!
Denn du könntest Wunder erleben, von
denen du als Kind in deinen
Märchenbüchern gelesen hast.
Du bist die Hauptfigur im Märchen!
Vertraue in **Deine** Zauberfähigkeiten! Du
hast sie !!

Dies ist der 7. Schlüssel.

Vertrauen in Dich selbst, Deine
Fähigkeiten und Wünsche.
Und Märchen werden wahr.

8. Amore! Amore!
(Die Liebe)

Vergiss die Liebe nicht.
Sie ist unser Lebenselixier.
Oma Hilde lebt allein.
Schon im fortgeschrittenen Alter, hat sie
oft mehr Energie als die Jungen.
Trotzdem wünscht sie sich manchmal,
etwas mehr Ruhe.
Sie ist im ganzen Viertel bekannt und sehr
beliebt.
Kinder, Erwachsene, jeder sucht sie auf,
wenn es mal zwickt.
Oma Hilde hat immer die passende Idee.
Bei ihr darf jeder so sein wie er ist.
Reden, wie ihm der Schnabel gewachsen
ist und auch mal auf dem alten
Sofa lümmeln.
Hier gibt es keine Etikette.
Erstaunlicherweise benimmt sich niemand
daneben.
Sie hilft wo sie kann, leistet eigentlich aber
nur Hilfe zur Selbsthilfe.

Trotzdem meint jeder, ohne ihre guten
Ideen, keine Lösung zu finden.
Sie wird geachtet und geliebt.
Sie ist die Seele des Wohnviertels.
Ohne sie läuft gar nichts.
Was für ein tolles Kompliment, für ein paar
Krümel Nächstenliebe, die Oma Hilde da
und dort verstreut.
Gerade so wie es gebraucht wird.
Selbst der Mensch, den die gesamte
Nachbarschaft nicht verknusen kann,
hat im tiefsten Inneren seiner Seele noch
einen Funken der Liebe.
Er muss ihn nur wieder aufglühen lassen.
Vielleicht mit etwas Hilfe von außen?
Letzten Freitag, erzählte seine Nachbarin
von gegenüber: Da habe ich doch
gesehen wie er tatsächlich gelächelt hat.
Na nu? Der kann lächeln?
Ja, er hat Minka, die Dorfkatze
gestreichelt, als sie um seine Beine strich.
Eine Möglichkeit mit diesem Menschen
ein Gespräch zu beginnen.
Vermutlich würde man feststellen, dass
dieser Mensch überhaupt nicht
mürrisch ist.

Sondern nur einsam und traurig.
Die Liebe, sie ist die größte Macht der
Welt, sagt Renee Egli und er hat
Recht.
Nur wenn du dich selbst und deine
Träume und Wünsche liebst werden sie
wahr!
Auch hier musst du zuerst bei dir selbst
anfangen.
Also lerne dich selbst zu lieben!
Was heißt das?
Es heißt du sollst dich selbst so
akzeptieren wie du bist.
Mit allen Stärken und auch deinen
liebenswerten Schwächen.
Kein Verbiegen, Verschleiern, Verstecken
mehr.
Mut zur Akzeptanz seiner selbst ist
gefragt, und damit auch der Anderen.
Das ist der nächste Schritt.
Andere ebenso zu akzeptieren wie sie
sind.
Egal welche Hobbys oder Macken sie
haben, egal wie sie aussehen, was sie
tun.

Sie müssen schließlich damit leben, nicht du!
Und solltest du damit nicht klarkommen, hast du die Freiheit dich zurückzuziehen.
Wir alle haben einen freien Willen.
Die Mieterin aus dem 1. Stock ist wirklich eine ganz liebe Frau.
So fleißig und hilfsbereit.
Und backen kann die. Herrlich ihre Kuchen.
Das schmeckt wie bei Großmutter.
Und ihre Wohnung ist auch sehr gemütlich.
Wenn sie nur nicht soviel quasseln würde.
Sie redet wirklich, ohne Punkt und Komma.
In diesem Fall hilft nur liebevolle Abgrenzung.
Auch das ist eine Form von Liebe.
Du musst nicht länger unter dem Wortschwall leiden und sie bekommt die Chance ihr Verhalten zu überprüfen.
Wenn sie es denn möchte.
Du wirst auf diesem Weg, viele Formen der Liebe entdecken.

Wenn du beginnst der Liebe einen festen Platz in deinem Leben einzuräumen,dann werden sich deine Gedanken und Gefühle klären.
Und du wirst zu dem Geschöpf welches du eigentlich bist.
Es wird die Sehnsucht nach deinen Träumen, der Wille im eigenen Leben alles zum Besten zu ändern, auftauchen.
Und damit bist du auf dem Weg in dein ganz persönliches Märchen. In ein Leben voller Liebe, Freude und Wohlstand.

Dies ist der 8. Schlüssel.

Liebe!
Der goldene Schlüssel zu einem erfüllten Leben.

9.Kleines Wort zum Sonntag! (Das Ego)

Jeder weiß, dass er eines hat. Fast jeder!
Kaum jemand beachtet es.
Man lebt damit von einem Tag zum
anderen, verlässt sich darauf.
Wir laufen quasi im Doppelpack durch die
Welt und sind uns dessen kaum
bewusst, außer wenn gehörig Mist
passiert ist.

Der Meier ist puterrot angelaufen und hat
gebrüllt wie ein Stier, als Müllers
Dackel auf sein Grundstück zu lief. Dabei
ist der Hund nur daran vorbei
gelaufen. Jetzt muss der Meier, sich bei
Müllers entschuldigen, weil er die
ganze Sippe mit Schimpfwörtern bedacht
hatte.

Oder
Klein-Erna nimmt ihre Spielsachen und
geht wutentbrannt nach Hause.

Fritzchen hatte ihr seine rote Schaufel nicht gegeben.

Sie war neu und er wollte selbst damit spielen. Verständlich oder?

Selbst Mutters Beschwichtigungs-Versuche funktionieren nicht, Klein-Erna bleibt bockig.

Über die Kleinigkeiten sehen wir großzügig hinweg.

Was wir dabei ÜBERSEHEN ist, dass sie unseren Alltag komplett ausmachen.

Hallo? Wo bist **DU ?**

Immer noch im Tiefschlaf?

Aufwachen meine Lieben, fangt endlich an euer Leben selbst zu gestalten!

Guckt euch euer Ego mal genau an. Was hat es euch schon alles diktiert am heutigen Tage?

Wie lange wollt ihr noch fremd bestimmt leben?

Ihr sollt es jetzt nicht gleich dorthin schicken, wo der Pfeffer wächst.

Aber euer Leben könnte reicher, ruhiger, freudvoller sein, wenn **IHR** die Zügel wieder in die Hände nehmt.

Dies ist der 10. Schlüssel

Das eigene Leben SELBST steuern. Dann weiß man wenigstens wo' s lang geht.

10. Ein Brief an mich selbst!

Hallo liebes ICH!
Ich habe mir, für mein weiteres Leben,
einiges überlegt.
Wie ich mir mein Leben in der Zukunft
vorstelle.
Ich habe die Absicht, in meinem Leben
einiges zu ändern und wenn es fertig
ist sieht es so aus:
Ich liebe die Arbeit mit Kindern.
Sie sind eine Bereicherung in meinem
Leben.
Toll, ich habe meine Kindertagesstätte
termingerecht eröffnet.
Viele Hände haben tatkräftig dabei
geholfen.
Die Kinder sind begeistert, die Eltern nicht
minder.
Hier kann ich alle meine Fähigkeiten und
mein Wissen einsetzten.
Ich fühle mich frei und meine Kreativität
kennt keine Grenzen.
Finanziell bin ich jetzt abgesichert.

Ich kann es mir leisten, im Urlaub tolle
Reisen zu unternehmen.
Die neuen Eindrücke bringe ich mit in die
Tagesstätte, wo dann Kinder und
Eltern davon profitieren.
Durch meine Reisen, habe ich mich zu
einer sehr guten Fotografin entwickelt.
Die Bestätigung dazu haben mir die
verschiedenen Ausstellungen gebracht,
die ich auf Anraten eines Elternpaares
gemacht habe.
Nun habe ich damit, sogar ein zweites
finanzielles Standbein gewonnen.
Die Bildbände und Kalender gehen weg
wie warme Semmeln.
Mein neuer Lebenspartner ist Spitze.
Nicht nur, dass er gut und gern zuhört, er
akzeptiert mich auch so wie ich bin.
Ich fühle mich großartig, bin glücklich,
wohlhabend und jederzeit offen für
neue Ideen.
So könnte eine von dir selbst verfasste
Absichtserklärung aussehen.

Viel Spaß!

Schlusswort

Mach das Ganze zu einem Spiel für dich.
Ohne Regeln, ohne Zeitdruck.
Ob du mit dem dritten oder neunten
Schlüssel beginnst, spielt keine Rolle.
Alle Schlüssel passen, denn es gibt nur

ein Schloss. **DICH!**

**Wichtig ist nur, dass jeder Schlüssel
einmal im Schloss gedreht wird.**

Der Mechanismus, die Energie dahinter
setzt sich damit in Bewegung.
Bringt alles in die richtige Reihenfolge und
in dein Leben!

Freue dich darüber, genieße diese Zeit.
Ich wünsche Dir von Herzen viel Erfolg
dabei!

Noch`en Gedicht über unser „bestes Stück" Ego"Jolli"

Na, was könnte das wohl sein ?
Jeder hat`s in dem Verstand,
allen ist`s uns wohlbekannt,
und wenn du denkst, das gibt`s doch nicht,
so ist`s das Ego ,was da spricht.
Auf diesen Plausch hät ich heut Lust
da wir von allem nischt gewusst.
Nicht, das es eines Tages heisst,
Ego ist dann mal verreist.
Und du guckst dann ganz bedeppert,
niemand da, der mit dir meckert.
Über`s Ego kann man sagen, was man will,
ob durch die Blume, laut, leise, still,
es kneift dich gleich, zwickt dir im Bauch,
du fühlst dich schlecht, das war es auch.
Sei tapfer jetzt und höre zu,
Jolli gönn Dir jetzt mal Ruh.
Lehn dich ganz entspannt zurück,
geniesse dieses Wohlfühlglück.
Humor ist, wenn man trotzdem lacht,

dafür, ist dies hier ausgedacht.
Vorbei an Jollis klugen Reden,
gab`s trotzdem seinen Segen.
Versammelt ist der Ego Kreis
sie geben ihr Geheimnis preis.

Ein Ego redet sich um Kopf und Kragen,
ein zweites schweigt sich in die Einsamkeit,
ein drittes bleibt bei seinen Worten
und kränkt damit die Zweisamkeit.
Das vierte Ego lauert ganz verschämt,
weil es sich selber hat gezähmt.
Hinter der gespielten Freundlichkeit,
ist weiter nix, als Traurigkeit.
Das fünfte tobt und wettert,
das sechste auf die Barrikaden klettert,
das siebte stöhnt vor lauter Eitelkeit,
rümpft die Nase über solche Zwistigkeit.
Dem achten wäre so was nicht passiert,
nein,bei ihm läuft alles wie geschmiert.
Das neunte Ego liebt`s theatralisch,
so janz ohne Beifall, da wird jarnischt.
Dem zehnten kann`s nicht schnell genug
ergehn,
es will die Dinge nicht bei Licht besehn,
das elfte versteckt sich ganz geschickt,

man glaubt, ihm jedes Schnäppchen glückt,
beim zwölften sieht man schon an der
Fassade
in seinem Leben steckt manch fade Made.
Erst wenn`s erschöpft am Boden liegt,
fühlt sich das dreizehnte besiegt.
Ein jedes nörgelt an dem ander`n rum,
selbst Jolli findet dieses Spielchen dumm.

Ego`s können keinen Spass verstehn,
vielleicht noch friedlich bummeln geh`n?
Ein jedes hat gern immer Recht,
des andren Meinung, die ist schlecht.
Es besteht, auf das, was ihm gehört,
walzt alles breit, was dabei stört.
So geht der bunte Reigen weiter,
auf dieser amüsanten Egoleiter.
Das vierzehnte will immer nur der Sieger
sein,
das fünfzehnte macht sich wohlweisslich
klein.
Das sechzehnte hat Sinn für Schlägerei,
das siebzehnte liebt den Einheitsbrei.
Eines liebt das Sprücheklopfen,
Gedanken sind wie Wassertropfen,
sie fließen aus dem Mund heraus,

jedes andre nimmt reisaus.
Manchmal hält`s dich schön auf Trab
da geht so manches SPIELCHEN ab.
Ego`s Naturell heisst stur,
du erlebst es, live und pur.
Es bleibt alles reine Ansichtssache.
Einsicht ist nicht seine Masche.
Nicht immer fügt sich`s schön gemütlich,
nicht jedes Ego mag es friedlich.
Wenn einem gar nichts Gutes wiederfährt,
das ist schon mal ein -SCHLAG mich
doch gleich- wert.
Das achtzehnte glänzt und will bewundert
werden,
das neunzehnte heult und ist der Depp auf
Erden.
Dem zwanzigsten ist fast alles egal,
gelacht hat es nicht ein einzigmal.
Ihr merkt schon, liebe Leit,
`s wird langsam höchste Zeit.

Die Egoschnur ist ellenlang,
vorab euch Egos meinen Dank,
schliesslich muss das jeder wissen,
ihr seit nicht das sanfte Ruhekissen,
ihr zwickt uns, beisst und stöhnt,

wir sind an euch schon so gewöhnt,
das wir es nicht mehr richtig raffen,
dass wir wurden gleichzeitig erschaffen.
Wahrscheinlich in`ner lauen Sommernacht,
erst auf leisen Sohlen mit Bedacht,
dann am Ende hats gekracht.
Mit Pauken und Trompeten,
Sorge war erst nicht vonnöten,
doch die Geister , die man rief,
damit lief so manches schief,
man verlor die Übersicht,
über sowas spricht man nicht.
doch jetzt ist`s allerhöchste Zeit,
von diesen Dingen zu berichten,
vielleicht darüber auch zu dichten.
Bis jetzt hast du das Stück behalten,
so bliebt ihr jahrelang die Alten.
Nun reicht die Prozedur,
es ärgert dich doch nur.
So manches Ego fühlt sich jetzt durchschaut,
und seiner Tarnung glatt beraubt,
es hat `ne Menge noch auf Lager,
diese Ausbeute ist noch äusserst mager.
Sie alle grinsen sich ins Fäustchen,
sind allesamt ganz aus dem Häuschen,
jetzt steh`n sie schön im Mittelpunkt,

manches will dagegen Schtunk,
ein outen bringt sie heut nicht weiter,
sie wissen keinen Rat mehr, leider.
Also hören wir für heute auf,
lassen den Ego-Allüren ihren Lauf,
eines Tages werden sie schon wach,
heissa, dann ist Feiertag.
Die Welt siehst du mit andern Augen,
alle Egos werden untertauchen,
schön verziert und lebe wohl gesagt,
lachend, friedlich und für immer abgekakt.

Jetzt mein Freund, bist du gefragt,
die Egoherrschaft keiner mag.
Mach was aus dem schönen Leben,
jeder hat nur Fröhlichkeit zu geben,
über hin und her wird abgewogen,
ganz schnell glätten sich die Wogen.
Wellen der Begeisterung, schwappen
über`n Erdenball,
das beste Jahrhundertereignis, klarer Fall.
Es lacht und tanzt die ganze Welt,
Mensch, wer hat das Ganze bloss bestellt.
Die Herzlichkeit lässt alle Menschen grüssen,
sie will euer Dasein hier versüssen.
Lasst es ruhig und gelassen zu,

sie gibt eh erst keine Ruh.
Ihr traut den Ohren wohl nicht mehr,
ist das Ganze doch ein Schmer.
In ihnen rauschen Märchenklänge
für`s Ego sinds Klamaukgesänge.
Klaro, das Ego meldet sich zu Wort,
dies tut es leider immerfort.
Nur mit Liebe lässt es sich bezürzen,
sonst wird`s euch ins Verderben stürzen.
Wacht auf , es ist gar nicht so schwer,
dann ärgert`s euch nicht mehr.
Seit bereit für einen Deal,
hier ist einer wohl zu viel.

Sei jetzt einfach helle,
dann siehste die Erkenntniswelle.
Die Ego-Flamme ist nach jahrhundert-
langem Ackern,
in allen Lebenslagen, nur noch ein
Flackern,
versteh den Mut zum letzten Gackern,
es versucht dich laufend anzubaggern.
Zünde nun dein eignes Lichtlein an,
und stehe wie man sagt, dein Mann
das ist nur dichterisch gesagt,
Frauen doch sind ebenso gefragt.

Vertau der Flamme, die jetzt beginnt zu
wachsen,
und spuck dich selbst in deine schönen
Hacksen,
auf in eine neue Zeit,
zum Wohle aller, Friedlichkeit.
Mit Ego"Jolli" Hand in Hand,
zum unbegrenzten Hoffnungsstrand.
Mit diesen Wünschen sag ich, bis denne ,
man darf ab heute nix mehr verpenne !

Ego"Jolli" sagt,"habe die Ehre, bis
demnächst in meinem Buch „ Heiß geliebt,
oft verdammt, nur selten angenommen"

Rain-bow-network.de
Wege in eine neue Zeit! Voller Licht und Freude!

Persönliche Notizen

Persönliche Notizen

Persönliche Notizen

Persönliche Notizen

Persönliche Notizen

Persönliche Notizen